DE LA IDEA AL MANUSCRITO

Consejos para escritores noveles **1**

Kiko Arocha

ALEXANDRIA LIBRARY
PUBLISHING HOUSE
MIAMI

© Alexandria Library Publishing House, 2023

ISBN: 9798858909279

info@alexlib.com

Índice

Introducción · 7

Qué utilidad se obtiene con escribir un libro · · · · · · · 9

Qué temas tratar en un libro · · · · · · · · · · · · · · 11

Detalle algunos de los temas para escribir un libro· · · · 15

Reseñas de mis viajes · · · · · · · · · · · · · · · · · · · 16

Autobiografía · 18

Biografía· 21

Diario de mis viajes · 24

Un suceso extraordinario del que fui testigo · · · · · · · · 28

Narraciones cortas · 32

Novela de misterio · 35

Noveletas de amor estilo Corín Tellado · · · · · · · · · · · 38

Libro de recetas de cocina · · · · · · · · · · · · · · · · · 45

Jardinería doméstica · 47

Libro sobre manualidades · · · · · · · · · · · · · · · · · 52

Libro de chistes · 56

Libro de frases inspiradoras · · · · · · · · · · · · · · · · 62

Libros de fotografías · 65

Cuidados de salud a quien requiere atención especial · · · 70

Cuidados a un ser querido con limitaciones· · · · · · · · · 74

Libro de ayuda a padres adoptivos · · · · · · · · · · · · 78

Libro de ayuda a quién haya sufrido eventos traumáticos · · 82

Mi mascota · 86

Un coleccionista escribe un libro · · · · · · · · · · · · · · · ·89

Reseñas de libros, filmes , teatro y otras obras de arte · · · ·92

Cómo funciona... · · · · · · · · · · · · · · · · · · · 96

¿Cómo escoger título y subtítulo de mi libro? · · · · · · 99

Cómo diseñar la cubierta de mi libro · · · · · · · · · ·102

Cómo hacer la contracubierta de mi libro· · · · · · · ·105

Escribir para otros ·107

Colofón ·109

Introducción

Escribir tiene el mismo propósito que hablar: comunicar a otros lo que quieres compartir de tu pensamiento. Durante milenios el hombre ancestral era como los animales, se comunicaba con gestos y diferentes tipos de gritos y chillidos. A medida que su cerebro se desarrolló llegaron las palabras para nombrar diferentes objetos o procedimientos; a las palabras le siguieron las frases y más tarde las oraciones. Se desarrolló el lenguaje como un medio de comunicación inmediata y fugaz, porque esas palabras quedaban solamente en la traicionera memoria.

Después vino la poesía, con frases musicales que eran más fáciles de recordar. El lenguaje hablado, si modulado y atractivo se recuerda mejor, como sucede con las letras de las canciones que se memorizan mejor impregnadas de música. Durante milenios el hombre transvasó sus conocimientos y cultura a sus descendientes, a través de poetas y narradores de excelente memoria a los que se denominaban bardos.

Hace 5,000 años el hombre comenzó a esculpir y pintar ideogramas, símbolos gráficos que representaban objetos o conceptos, y jeroglíficos, símbolos que representaban palabras, cada figurita o símbolo significaba una palabra diferente.

En ese mismo tiempo los sumerios inventaron símbolos que representaban los sonidos que se producen al hablar. El hombre aprendió a descomponer los sonidos de las palabras, al darse cuenta de que cada palabra era una sucesión de ciertos sonidos diferentes, lo que ahora se llaman fonemas. Esto devino en un milagro. Los fonemas que constituían todo el lenguaje hablado eran solo unas cuantas decenas. Los jeroglíficos que representaban palabras eran miles. ¡Los sonidos se comenzaron a grabar en piedra, arcilla, madera y después en papel, como letras! ¡Alabado sea Dios! Más nunca se perdería ningún brillante discurso. Personas de generaciones futuras podrían repetir lo dicho muchos atrás.

El lenguaje escrito y la lectura, que ahora casi todos disfrutamos, contribuyó escalar con rapidez la civilización. Hizo posible la imprenta y por tanto la distribución masiva y económica de conocimientos. Hoy en día la tecnología permite a cualquier persona escribir sin costo en la red para comunicarse al instante con cualquier persona en el planeta... y algunas veces fuera de él.

Para qué escribir un libro

Porque el libro es un producto refinadísimo de la escritura. No debe ser intrascendente, como la mayoría de las conversaciones. Debe ser enriquecedor.

Veremos ahora los beneficios que un libro puede traer a la sociedad y a quien lo escribe.

Qué utilidad se obtiene con escribir un libro

Escribir un libro, incluso si no eres un escritor profesional, tiene varias ventajas. Comparto algunas de ellas:

- **Autoexpresión:** Escribir permite a las personas expresar sus pensamientos, emociones e ideas de una manera estructurada. A través de la escritura, uno puede compartir experiencias personales, conocimientos o incluso fantasías.

- **Autoconocimiento:** El proceso de escribir puede llevar a la introspección. A medida que escribes, puedes descubrir más sobre tus propias opiniones, creencias y valores.

- **Desarrollo personal:** Escribir un libro es un desafío. Requiere pensar, investigar, recopilar, sintetizar y revisar. Este proceso puede ayudar a desarrollar habilidades y cualidades personales, como la perseverancia y la capacidad de organización.

- **Aprendizaje:** Es probable que, mientras escribes, necesites investigar y aprender sobre varios temas para hacer tu libro más completo y preciso. Este proceso de investigación puede expandir tu conocimiento en áreas que quizás no habrías explorado de otra manera.

- **Reconocimiento**: Aunque no seas un escritor profesional, publicar un libro puede darte reconocimiento y credibilidad en un área específica. Puede ser una forma de posicionarte como experto en un tema particular, incluso si es un relato personal o una ficción.

- **Generación de ingresos**: Aunque no todos los libros serán éxitos de ventas, hay una posibilidad de generar ingresos a través de la venta de tu obra.

- **Satisfacción personal**: Ver tu nombre en la portada de un libro, saber que has completado un proyecto de tal magnitud, es gratificante.

- **Conectar con otros**: Un libro puede ser una herramienta para conectar con otros que comparten intereses similares o que se sienten identificados con tu texto.

- **Desarrollo de habilidades de escritura**: Incluso si comienzas como un escritor aficionado, con el tiempo y la práctica, tu habilidad para escribir puede mejorar hasta llegar a nivel profesional.

- **Establecer un legado**: Un libro es algo que puede perdurar mucho después de que el autor haya fallecido. Es una forma de dejar una huella en el mundo y compartir la sabiduría con las futuras generaciones, en particular con tu familia.

En resumen, escribir un libro puede ser una experiencia enriquecedora y transformadora para cualquier persona, lo mismo si es un escritor profesional o no.

Qué temas tratar en un libro

Existe un espectro amplio de posibilidades en temas para que alguien que no sea escritor pueda escribir un libro, quizás no tan complejo como filosofía, historia universal, matemáticas u otros que necesiten de mucho conocimiento especializado. Ejemplos: Autobiografía, colección de anécdotas, novela policial: *Yo presencié un maremoto que mató a 4000 personas. Mi experiencia con un enfermo de Alzheimer*, etc.

Más sobre los temas

1. Relatos personales y experiencias:
   - **Autobiografía:** Compartir tu propia vida y experiencias.

   - **Diarios de viaje:** Descripciones y anécdotas de viajes realizados, con fotos y consejos.

   - **Testimonios de eventos:** *Mis días de protesta contra la Ley Tal.*

2. Géneros de ficción sencillos:
   - **Historias cortas:** Conjunto de relatos breves sobre cualquier tema de interés.

   - **Novelas de misterio:** Puedes crear una trama sencilla en tu localidad con personajes inspirados en gente que conoces.

- **Novela romántica:** Historias de amor, ya sean inspiradas en experiencias propias o ficticias.

3. **Hobbies y pasatiempos:**
   - **Recetas de cocina:** Una recopilación de tus recetas favoritas, de tu familia o de tu país.

   - **Guías de jardinería:** Consejos y ardides sobre cómo cuidar ciertas plantas o cómo crear un jardín en casa.

   - **Manualidades:** Tutoriales paso a paso realizar proyectos tipo Hágalo usted mismo (DIY, Do It Yourself).

4. **Colecciones:**
   - **Chistes o anécdotas:** Pudiera ser sobre un tema específico o una variante.

   - **Frases inspiradoras:** Una recopilación de citas que te han motivado.

   - **Fotografías:** Puedes hacer un libro temático con tus mejores fotografías, acompañadas de descripciones o historias.

5. **Experiencias personales en relación con temas sociales o de salud:**
   - **Cuidado de seres queridos:** Por ejemplo, experiencias cuidando a alguien con una enfermedad limitante.

   - **Adopción:** El proceso, los desafíos y las alegrías de adoptar a un niño.

   - **Superación de obstáculos:** Relatos sobre cómo superaste un reto específico en la vida, como un accidente, una gran pérdida, regresar de la cárcel, etc.

6. **Animales:**
   - **Mi vida con mi mascota:** Anécdotas y experiencias con tu compañero animal.
   - **Guías básicas:** Por ejemplo, "Cómo cuidar a tu primer gato".

7. **Entretenimiento:**
   - **Críticas de películas o libros:** Puedes escribir reseñas sobre tus películas o libros favoritos.

8. **Cómo funciona...** (la bolsa, el motor de combustión interna, etc.)

Estas son solo algunas ideas para empezar. La clave es elegir un tema que te apasione y sobre el cual sientas que puedes aportar una perspectiva única o interesante.

**Veamos con más detalle
algunos de los temas
para escribir un libro**

Reseñas de mis viajes

Este tipo de libro permite al escritor no sólo revivir sus experiencias de viaje, sino también compartir sus vivencias, consejos y anécdotas con lectores que pueden estar interesados en visitar los mismos lugares.

1. **Introducción:** Aquí puedes hablar sobre qué te motivó a viajar, cuál es tu filosofía de viaje, y por qué decidiste compartir tus experiencias en forma de libro.

   - **Capítulos por destino:** Cada lugar visitado puede ser un capítulo. Dentro de cada capítulo podrías incluir:

   - **Descripción del lugar:** Geografía, historia básica y características culturales.

   - **Itinerario:** Una lista de lugares que visitaste cada día, con pequeñas descripciones y anécdotas.

   - **Fotografías:** Imágenes que capturaste durante tu viaje. Pueden ser de paisajes, monumentos, comidas, o incluso selfies.

   - **Consejos prácticos:** Información sobre dónde alojarte, dónde comer, cómo moverte, y otros tips útiles para futuros viajeros.

- **Anécdotas:** Historias especiales o divertidas que te sucedieron en ese lugar.

- **Cultura y personas:** Relata tus interacciones con la gente local, festivales o eventos a los que asististe, y otras experiencias culturales.

2. **Consejos generales de viaje:** Puedes incluir un capítulo sobre tus recomendaciones para viajar de manera eficiente, económica y segura. Desde empacar la maleta hasta cómo interactuar en un país con un idioma que no hablas.

3. **Reflexiones finales:** Tus sentimientos y pensamientos sobre viajar en general después de todas tus experiencias. ¿Cómo te ha cambiado viajar? ¿Qué has aprendido sobre el mundo y sobre ti mismo?

4. **Apéndice o recursos adicionales:** Aquí puedes listar libros, blogs, o recursos que te hayan sido útiles en tus viajes. También podrías incluir un glosario de términos o frases útiles en diferentes idiomas que aprendiste en el camino.

Reseñas de mis viajes no sólo sería útil para otros viajeros, sino también un hermoso recuerdo para ti. Además, tu perspectiva única, como alguien que no tiene que ser un "experto" en viajes, puede ser refrescante y útil para muchos lectores.

Autobiografía

Escribir una autobiografía es una forma hermosa de reflexionar sobre tu vida y dejar un registro de tus experiencias y lecciones aprendidas. Aquí te presento una estructura básica que podrías considerar para escribir tu autobiografía:

1. **Prólogo o Introducción:**
   - Presenta en forma breve quién eres y cuál es el propósito de escribir tu autobiografía.
   - Puedes mencionar qué esperas que los lectores saquen de tu historia.

2. **Infancia:**
   - **Orígenes:** Habla sobre el lugar y tiempo en que naciste, tus primeros recuerdos, y tu familia.
   - **Acontecimientos clave:** Pueden ser mudanzas, nacimientos, pérdidas, fiestas, o tradiciones familiares.
   - **Amistades:** Las primeras amistades, juegos, y aventuras de la infancia.

3. **Adolescencia:**
   - **Escuela y estudios:** Experiencias en la escuela secundaria, tus materias favoritas, y tus profesores.

- **Desafíos y logros:** Cómo enfrentaste las presiones y desafíos típicos de la adolescencia.

- **Amistades y primeros amores:** Las interacciones sociales y cómo estas te moldearon.

4. **Vida adulta temprana:**

   - **Estudios superiores o formación profesional:** Ya sea universidad, escuela técnica, o aprendizaje en el trabajo.

   - **Carrera:** Primeros trabajos, ascensos, y lecciones aprendidas.

   - **Relaciones:** Compromisos serios, matrimonio, o la decisión de seguir soltero.

   - **Familia:** Nacimiento de hijos, si los tuviste, y cómo fue la experiencia de ser padre o madre.

5. **Madurez:**

   - **Reflexiones de vida:** Cómo ves la vida después de haber acumulado experiencia.

   - **Carrera y logros:** Si alcanzaste puestos más altos o decidiste cambiar de rumbo.

   - **Retos y superaciones:** Desafíos de salud, pérdidas, o cualquier otro reto importante y cómo lo enfrentaste.

6. **Retiro y reflexiones finales (si corresponde):**

   - **Retiro:** Tu experiencia al retirarte, cómo te adaptaste y qué actividades realizaste.

   - **Legado:** Reflexiones sobre lo que esperas dejar en el mundo y en las personas que conoces.

7. **Epílogo:**

- Resumen o reflexiones finales sobre tu vida.
- Puedes hablar sobre cómo fue el proceso de escribir tu autobiografía y qué sentimientos te evocó.

8. **Fotografías o Documentos:**

- Muchas autobiografías incluyen imágenes, cartas, o documentos que complementan la narrativa. Estos elementos visuales pueden hacer que tu historia sea aún más atractiva y personal.

9. **Agradecimientos:**

- Dedica unas palabras a quienes te apoyaron en tu vida y en el proceso de escritura.

10. **Índice:**

- Si tu libro es extenso, un índice ayudará a los lectores a navegar por los temas o eventos específicos que deseen revisitar.

Al escribir tu autobiografía, es importante ser auténtico y honesto. No necesitas embellecer o alterar eventos; la verdad de tu experiencia es lo que la hará única y valiosa. La clave es ofrecer una introspección, mostrar cómo te sentiste durante los eventos clave de tu vida y cómo te moldearon esas experiencias. ¡Buena suerte en tu escritura!

Biografía

1. **Reunión inicial:**
   - **Objetivos y expectativas:** En el caso de que la persona biografiada esté viva y disponible, pregúntale qué espera lograr con ella.
   - **Acceso:** Pide permiso para acceder a registros personales, fotos, diarios, correspondencia, etc.

2. **Entrevistas en profundidad:**
   - Realiza múltiples entrevistas con la persona. Graba estas conversaciones (con permiso) para tener una referencia precisa.
   - Cubre diferentes etapas de su vida, desde la infancia hasta el presente.
   - Pregunta sobre eventos clave, influencias, desafíos, logros y relaciones.

3. **Entrevistas con terceros:**
   - Habla con familiares, amigos, colegas, mentores, y otras personas que hayan tenido un papel significativo en su vida. Estas perspectivas proporcionarán una visión más completa y equilibrada.

4. **Investigación secundaria:**

   - **Recopilación de documentos:** Obtén y revisa cualquier material escrito disponible, como cartas, emails, diarios, artículos de prensa, etc.

   - **Material multimedia:** Mira o escucha entrevistas previas, programas de televisión, presentaciones, discursos, películas, música u otras grabaciones relevantes.

   - **Libros o publicaciones previas:** Si existen biografías o autobiografías anteriores, revísalas para tener un contexto y quizás identificar áreas que requieran más profundidad.

5. **Visita lugares relevantes:**

   - Si es posible, visita lugares clave en la vida de la persona, como su ciudad natal, escuelas, hogares anteriores, o lugares donde ocurrieron eventos significativos.

6. **Validación:**

   - A medida que compilas la historia, valida los hechos y eventos con la persona en cuestión y con fuentes secundarias para garantizar la precisión.

7. **Organización y estructura:**

   - Decide cómo quieres estructurar la biografía. ¿Será cronológica o temática? ¿Quieres iniciar con un evento significativo y luego retroceder en el tiempo?

8. **Escritura:**

   - Comienza el proceso de redacción. Usa citas directas de las entrevistas cuando sea relevante y efectivo.

- Asegúrate de mantener un equilibrio entre la narrativa y la presentación de hechos.

9. **Revisión y feedback:**
   - Una vez que tengas un borrador, revísalo con la persona sobre la cual estás escribiendo. Asegúrate de que se sienta cómoda con la representación y de que todos los hechos sean precisos.
   - Considera también obtener feedback de terceros para asegurarte de que la biografía es comprensible y atractiva para los lectores.

10. **Edición:**
    - Trabaja con un editor profesional para pulir el texto y asegurarte de que esté bien escrito y libre de errores.

11. **Publicación y promoción:**
    - Una vez que el libro esté terminado, discute las opciones de publicación, ya sea a través de una editorial tradicional o de impresión bajo demanda.
    - Considera también las estrategias de marketing y promoción, sobre todo si la persona es famosa.

A lo largo de todo este proceso, es esencial mantener la confidencialidad y respetar la privacidad de la persona en cuestión. La integridad y la honestidad son clave para escribir una biografía que sea tanto precisa como conmovedora.

Diario de mis viajes

Un libro titulado "Diario de mis viajes" se enfocará en experiencias personales, por lo que la investigación será en gran medida introspectiva y basada en memorias y registros personales. A continuación, te detallo cómo investigar y estructurar este tipo de libro:

Investigación

1. **Recopilación de Materiales:**
   - Reúne todos los diarios, notas, fotografías, tickets, postales, y cualquier otro recuerdo que hayas guardado de tus viajes o papeles que hayas escrito.

2. **Recuerdos Visuales:**
   - Si has tomado videos durante tus viajes, revísalos. A menudo, los videos capturan momentos espontáneos que podrías haber olvidado.

3. **Entrevistas:**
   - Si viajaste con amigos o familiares, habla con ellos y revive juntos las experiencias. A menudo, recordarán detalles o anécdotas que tú has olvidado.

4. **Documentación Adicional:**
   - Para complementar tus recuerdos personales, puedes investigar sobre los lugares que visitaste para incluir información adicional como historia, cultura o datos interesantes.

Estructura

5. **Introducción:**
   - Explica por qué decidiste escribir el libro y qué esperas transmitir a los lectores.

6. **Orden Cronológico o Temático:**
   - **Cronológico**: Si prefieres un enfoque lineal, puedes empezar por tus primeros viajes y avanzar hasta los más recientes.

   - **Temático**: Si prefieres agrupar tus viajes por tema, podrías tener capítulos como "Viajes de Aventura", "Destinos Culturales", "Retiros Naturales", etc.

7. **Entradas del Diario:**
   - Cada capítulo o sección puede empezar con una entrada de diario, seguida por una narrativa más elaborada sobre esa experiencia.

8. **Fotografías y Mapas:**
   - Incluye imágenes para complementar tus relatos. Un mapa al inicio de cada capítulo o sección mostrando los lugares que visitaste también es una excelente idea.

9. **Anécdotas:**
   - Resalta historias especiales, encuentros con personas locales,

desafíos enfrentados, descubrimientos culinarios y otros momentos memorables.

10. **Reflexiones:**
- Al final de cada capítulo o sección, incluye reflexiones sobre lo que aprendiste en ese viaje, cómo te cambió o qué impacto tuvo en tu vida.

11. **Consejos y Recomendaciones:**
- Puedes añadir un apartado con recomendaciones para quienes quieran visitar los mismos lugares: sitios que no deben perderse, dónde comer, qué evitar, etc.

12. **Conclusión:**
- Reflexiona sobre tus experiencias de viaje en su conjunto. ¿Qué te han enseñado tus viajes sobre ti mismo, las gentes y la humanidad en general?

13. **Apéndice:**
- Si quieres, prepara una sección al final con listas útiles, como equipamiento esencial para viajes esencial, libros o blogs de viajes que te inspiraron, etc.

14. **Índice:**
- Si tu libro es extenso, un índice ayudará a los lectores a navegar por los temas o destinos específicos que deseen revisitar.

Escribir "Diario de mis viajes" no solo será un regalo para los lectores, sino también una forma de revivir y valorar tus propias experiencias. ¡Buena suerte en tu proyecto!

Un suceso extraordinario del que fui testigo

Narrar un evento importante del que fuiste testigo requiere de una investigación exhaustiva y una estructura clara que permita a los lectores entender la magnitud y el impacto del evento. Aquí hemos empleado como ejemplo el enfoque de John Reed en *Diez días que conmovieron al mundo*, sobre la revolución rusa, pasos que puedes seguir para investigar y estructurar tu libro:

Investigación

1. **Recopilación de Materiales Personales:**
   - Reúne todas tus notas, fotografías, grabaciones, y cualquier otro material que hayas recopilado o creado durante el evento.

2. **Entrevistas:**
   - Si es posible, entrevista a otras personas que fueron testigos del evento. Estas perspectivas adicionales pueden ofrecer una visión más completa.
   - Habla con expertos o personas clave involucradas en el evento para obtener una perspectiva informada.

3. **Fuentes Secundarias:**

   - Consulta periódicos, revistas, informes, y otros documentos que cubrieron el evento.

   - Revisa cualquier material multimedia relacionado, como documentales, transmisiones de noticias, etc.

4. **Contexto Histórico y Cultural:**

   - Investiga el panorama más amplio en el que ocurrió el evento. ¿Qué condiciones o circunstancias llevaron a él? ¿Qué impacto tuvo a nivel local, nacional o incluso global?

Estructura

5. **Introducción:**

   - Establece el contexto del evento. Describe en pocas palabras lo que ocurrió y por qué decidiste escribir sobre ello.

6. **Antecedentes:**

   - Explica los eventos o circunstancias que llevaron al evento principal. Esto preparará al lector para comprender mejor el contexto.

7. **Cronología Detallada:**

   - Similar al enfoque de Reed, puedes estructurar tu libro como una cronología, describiendo día a día (o hora por hora, dependiendo de la magnitud del evento) lo que fue sucediendo.

   - Para cada segmento temporal describe tanto tus experiencias personales como los eventos más amplios que estaban ocurriendo.

8. **Perspectivas Múltiples:**
   - Si entrevistaste a otros testigos o expertos, considera incluir sus perspectivas en capítulos o secciones separadas. Esto enriquecerá la narrativa y proporcionará una visión más completa.

9. **Fotografías y Documentos:**
   - Intercala imágenes, documentos, o cualquier otro material gráfico relevante en tu libro para ofrecer una perspectiva visual y documental.

10. **Análisis y Reflexiones:**
    - Dedica secciones o capítulos para analizar el impacto y las consecuencias del evento. ¿Cómo cambió el panorama político, social o cultural después del evento?

11. **Conclusión:**
    - Reflexiona sobre la importancia del evento en el panorama más amplio. ¿Qué lecciones pueden aprenderse? ¿Cómo ha influenciado o cambiado tu vida o perspectiva?

12. **Apéndice:**
    - Considera añadir un apéndice con material adicional, como transcripciones completas de entrevistas, documentos clave, o una cronología detallada.

13. **Índice:**
    - Un índice puede ayudar a los lectores a encontrar rápido temas o eventos específicos que deseen revisar.

Al escribir sobre un evento significativo del que fuiste testigo, es crucial mantener la objetividad y la precisión, pero también es válido entrelazar tus emociones y experiencias personales, ya que esto humaniza la narrativa y la hace más aceptable para los lectores.

Narraciones cortas

Escribir un libro de historias cortas es un ejercicio creativo que te permite explorar una variedad de temas, personajes y situaciones en un formato condensado. A continuación, te ofrezco una guía sobre cómo abordar este tipo de proyecto:

1. **Elección del tema o estilo:**
   - **Temático:** Si decides que tu libro será temático, esto significa que todas tus historias se centrarán en un tema o concepto en particular. Por ejemplo, podrías tener un libro de historias cortas sobre "amor en tiempos modernos" o "encuentros con lo sobrenatural".

   - **Estilo:** Otra opción es elegir un estilo particular que domine todas tus historias, como el realismo mágico, ciencia ficción, horror gótico, etc.

2. **De dónde sacar las historias:**
   - **Experiencia personal:** Algunas de las mejores historias provienen de experiencias personales o anécdotas que has escuchado. Estas experiencias pueden ser un excelente punto de partida, incluso si decides añadir elementos ficticios.

   - **Observación:** Sal al mundo, observa a la gente, escucha conversaciones, observa situaciones cotidianas. A veces, un simple viaje en autobús puede ofrecerte una historia completa.

- **Lectura:** Leer noticias, artículos, blogs y otros cuentos y novelas puede inspirarte. Puedes tomar un hecho o concepto y expandirlo en una historia.

- **Ejercicios de escritura creativa:** Hay muchos ejercicios que pueden ayudarte a generar ideas, como escribir sobre una imagen que te inspire o usar una frase inicial aleatoria y desarrollar una historia a partir de ella.

- **Investigación:** Si decides escribir sobre algo que está fuera de tu experiencia personal, investiga sobre el tema. Por ejemplo, si quieres escribir una historia que se desarrolla en un submarino, busca información sobre la vida a bordo de uno.

3. **Desarrollo de personajes y trama:**
- Cada historia corta debe tener personajes bien desarrollados y una trama clara. Aunque la historia sea corta, los personajes deben sentirse reales y multidimensionales para el lector.

4. **Escribir:**
- **Inicio:** Comienza con un gancho que capture la atención del lector de inmediato.

- **Desarrollo:** Establece el conflicto o situación principal de la historia.

- **Clímax:** Lleva la historia a su punto culminante.

- **Conclusión:** Resuelve el conflicto o situación, aunque no todas las historias necesitan una resolución clara. Algunas pueden terminar, dejando al lector con preguntas o pensamientos.

5. **Revisión:**

- Una vez escrita, revisa cada historia. Pide a amigos, familiares o colegas escritores que lean tus cuentos y ofrezcan feedback. Esto te ayudará a pulir y mejorar tu trabajo.

6. **Orden de las historias:**

- Considera el orden en que deseas presentar tus historias. Podrías empezar con tu historia más fuerte para capturar al lector, y terminar con otra historia potente para dejar una impresión duradera.

7. **Título y presentación:**

- El título de tu libro debe reflejar el tema o el tono de las historias. También considera la portada y el diseño interno para que sean coherentes con el contenido y atraigan a los lectores.

En resumen, escribir un libro de historias cortas es un proceso que combina la inspiración personal con la habilidad narrativa. Tómate tu tiempo para desarrollar cada historia y disfruta del proceso creativo. ¡Buena suerte!

Novela de misterio

Escribir una novela de misterio que mantenga al lector en vilo, siempre cuestionando la identidad del asesino y ofreciendo un final inesperado, es un desafío emocionante. Aquí te dejo algunas ideas y estrategias para inspirarte:

1. **Ambientación:**
   - Decide dónde y cuándo ocurrirá tu historia. ¿Será en un pequeño pueblo donde todos se conocen, en una ciudad grande e impersonal, o tal vez en una época histórica distinta? Una ambientación intrigante puede ser la base para un buen misterio.

2. **Personajes:**
   - **Protagonista:** Puede ser un detective con una historia personal compleja, un periodista, o incluso un ciudadano común. Su pasado y sus motivaciones pueden influir en cómo se desenvuelve la investigación.

   - **El asesino:** Considera crear un asesino con un motivo complejo, no obvio desde el principio. Podría ser alguien muy cercano al protagonista o alguien que nadie sospecharía.

   - **Secundarios:** Introduce varios personajes con secretos

y motivos propios, para que cualquiera pueda ser un sospechoso.

3. **Red Herring (Pista Falsa):**
   - Usa pistas falsas para desviar la atención del lector y confundirlo. Esto añade capas de complejidad a la historia y mantiene a los lectores adivinando.

4. **Investigación:**
   - Hacer una pequeña investigación sobre técnicas de investigación criminal, evidencia forense y psicología criminal puede enriquecer tu historia y hacerla más creíble.

5. **Trabaja hacia atrás:**
   - Decide primero cómo y por qué ocurrió el asesinato, y luego trabaja hacia atrás para crear motivos y oportunidades. Esto puede ayudarte a sembrar pistas sin revelar demasiado.

6. **Crea giros argumentales:**
   - Introduce giros inesperados en la trama. Por ejemplo, una evidencia clave que desaparece, un segundo asesinato, o un sospechoso principal que resulta ser inocente.

7. **Final inesperado:**
   - Considera revelar al asesino de una manera que desafíe las expectativas del lector. Quizás el asesino era alguien que parecía inocente, o el motivo era inesperado.
   - Otra opción podría ser que el asesino haya estado cerca del protagonista todo el tiempo, o que haya una razón sorprendente detrás de los crímenes.

8. **Inspiración de la vida real:**

   - Leer sobre crímenes reales puede proporcionarte ideas para tu historia. Las motivaciones y circunstancias en casos reales pueden ser más extrañas que la ficción.

9. **Lee novelas de misterio:**

   - Estudia cómo otros autores construyen el suspense, presentan pistas y desarrollan a sus personajes.

10. **Escribe regularmente:**

   - La inspiración es más fácil de encontrar cuando estás en el hábito de escribir regularmente. Anota todas tus ideas, sin importar cuán pequeñas o insignificantes parezcan. Con el tiempo, estas piezas pueden unirse para formar una trama intrigante.

Recuerda que una novela de misterio efectiva es aquella que equilibra la tensión, desarrolla personajes interesantes y ofrece suficientes pistas sin revelar el misterio hasta el final. ¡Buena suerte en tu escritura!

Noveletas de amor estilo Corín Tellado

Corín Tellado, cuyo nombre real era María del Socorro Tellado López, fue una prolífica escritora española conocida por sus novelas románticas. A lo largo de su carrera, escribió más de 4,000 títulos y se estima que vendió más de 400 millones de copias. Su éxito y longevidad en el mercado se debieron a una combinación de técnica, temática y una profunda comprensión de su audiencia. A continuación, te detallo algunos de los aspectos clave que contribuyeron a su éxito:

1. **Fórmula repetida pero efectiva:** Aunque sus historias variaban en detalles y personajes, solían seguir una estructura básica. Esta familiaridad era reconfortante para muchos lectores, quienes sabían lo que podían esperar: un conflicto romántico, obstáculos que los protagonistas debían superar y por lo general, un final feliz.

2. **Rapidez en la escritura:** Tellado tenía la habilidad de escribir rápido. Esto le permitió mantener un flujo constante de nuevas historias, lo que a su vez mantenía el interés de los lectores.

3. **Personajes identificables:** Los personajes de Tellado, a pesar de encontrarse en situaciones románticas ideales o dramáticas, poseían características con las que muchos lectores podían identificarse o que aspiraban a tener. Sus protagonistas femeninos, en particular, eran a menudo fuertes, independientes y decididos.

4. **Conflictos universales:** Aunque las tramas variaban, los conflictos centrales solían girar en torno a temas universales como el amor, la traición, los malentendidos, los secretos y la reconciliación. Estos son temas que resuenan con lectores de todas las edades y culturas.

5. **Contextos variados:** Aunque las tramas eran similares, Tellado situaba sus historias en diferentes contextos y escenarios. Esto añadía variedad y frescura a sus novelas, a pesar de la familiaridad de sus tramas.

6. **Comprensión de su público:** Tellado entendía a sus lectores. Sabía que buscaban historias románticas que ofrecieran escape y consuelo, pero también que reflejaran, en cierto modo, sus propias aspiraciones y desafíos.

7. **Accesibilidad:** Las novelas de Tellado solían ser breves y fáciles de leer, lo que las hacía accesibles para una amplia gama de lectores.

8. **Consistencia en la producción:** La regularidad con la que publicaba le permitía mantener a los lectores enganchados. Muchos esperaban con ansias su próxima novela.

Aunque las críticas literarias no siempre fueron amables con las obras de Corín Tellado, no hay duda de que su habilidad para conectarse emocionalmente con sus lectores y ofrecerles lo que buscaban la convirtió en una de las autoras más vendidas del mundo. Su capacidad para adaptar una fórmula conocida a diferentes personajes y escenarios le permitió mantener sus historias tanto "iguales" en su esencia como "diferentes" en su presentación.

Entramado de una noveleta estilo Corín Tellado

Esquema básico inspirado en el estilo de Corín Tellado que puedes usar como base para desarrollar una noveleta:

Secretos del Pasado

1. **Ambientación:**
   - Un pequeño pueblo costero en España, años 50.

2. **Personajes principales:**
   - **Luisa:** Joven bibliotecaria de buen corazón pero con un aire melancólico. Posee una belleza serena y es muy querida en el pueblo. Siempre viste de manera modesta y nunca ha hablado de su vida antes de llegar al pueblo hace dos años.
   - **Miguel:** Un marino carismático recién regresado después de cinco años en alta mar. Es recordado en el pueblo por su espíritu aventurero y su carácter juguetón. Aunque ha viajado por el mundo, algo siempre lo ha atraído de vuelta a su hogar.

3. **Trama:**
   - Miguel regresa al pueblo después de años en alta mar y descubre la biblioteca renovada y a Luisa, a quien nunca había conocido. Al instante se siente atraído por ella y comienza a cortejarla, pero ella es evasiva y reticente, aunque claro, afectada por él.
   - Circulan rumores en el pueblo sobre el pasado de Luisa. Se dice que huyó de una relación o que tiene un oscuro secreto. Miguel, en su intento por conocerla mejor, procura descubrir la verdad, lo que genera conflictos entre ellos.

- Mientras tanto, una serie de cartas anónimas comienzan a llegar a la biblioteca dirigidas a Luisa, advirtiéndola sobre acercarse demasiado a Miguel. Luisa, perturbada, decide confiar en Miguel y le revela su secreto: huyó de su pueblo natal después de que un antiguo novio se volviera obsesivo y peligroso.

- El clímax se produce cuando el exnovio de Luisa aparece en el pueblo, confronta a Miguel y resuelven el conflicto.

4. **Conclusión:**

- Luisa y Miguel, después de superar los obstáculos y enfrentar los secretos del pasado, deciden darle una oportunidad al amor. La historia termina con una escena en la playa, con ambos mirando el horizonte, simbolizando un futuro lleno de posibilidades.

Este esquema proporciona una estructura básica que se puede expandir con más detalles, subtramas y desarrollo de personajes para crear una noveleta completa.

5. **Cómo funciona el mercado de las noveletas de amor**

El mercado de las noveletas románticas, al igual que otros géneros literarios, ha experimentado cambios y adaptaciones con el paso de los años. Sin embargo, ha demostrado ser uno de los mercados más resilientes y rentables dentro de la industria editorial. A continuación, te detallo cómo suele funcionar este mercado:

- **Lectores fieles:** El género romántico tiene una base de lectores leales y apasionados. Estos lectores suelen consumir varias noveletas al mes y están siempre buscando nuevas historias y autores para seguir.

- **Subgéneros**: Aunque a menudo pensamos en la romance como un género único, en realidad, está lleno de subgéneros. Estos incluyen romance histórico, contemporáneo, paranormal, erótico, de suspense, entre otros. Esto permite una gran variedad de tramas y escenarios.

- **Publicación tradicional**: Existen editoriales, algunas de gran renombre, dedicadas solo a la publicación de romance. Estas editoriales suelen tener series o líneas específicas que publican libros con ciertas características (por ejemplo, romances históricos o contemporáneos). Estas editoriales suelen ofrecer contratos a autores basados en manuscritos o propuestas.

- **Autoedición**: Con la llegada de plataformas como Amazon Kindle Direct Publishing, muchos autores de romance han optado por la autoedición. Esto les permite tener un control creativo total y una mayor participación en las ganancias.

- **Libros digitales y servicios de suscripción**: El romance es uno de los géneros más populares en formato digital. Muchos lectores prefieren este formato por la privacidad y la comodidad. Además, servicios de suscripción como Kindle Unlimited han demostrado ser populares entre los lectores de romance.

- **Comunidad y redes sociales:** Los lectores y escritores de romance suelen ser muy activos en redes sociales y en comunidades en línea. Blogs, reseñas, clubes de lectura, y conferencias son esenciales para el género.

- **Cincuenta sobras de Grey:** Como cualquier género, el romance tiene ciertos temas o motivos recurrentes populares que los lectores esperan. Sin embargo, también está sujeto a tendencias. Por ejemplo, después del éxito de *Cincuenta sombras de Grey* hubo un auge en el romance erótico. Su autora, la británica E. L. James se hizo multimillonaria de la noche a la mañana y sacó a la industria editorial de un impase. *Cincuenta sombras de Grey*, fue un libro autopublicado, que al tener cierto éxito, llamó la atención de la editorial Vintage, de Ramdom House.

- **Diversidad:** En años recientes, ha habido una demanda creciente por historias y personajes más diversos en términos de raza, género, orientación sexual, discapacidad, etc. Muchas editoriales y autores están respondiendo a esta demanda creando historias más inclusivas.

- **Cubiertas y marketing:** Buenas portadas de los libros de romance son esenciales para el marketing. Una portada atractiva que refleje con precisión el tono y el subgénero del libro puede ser decisiva para las ventas.

- **Relación autor-lector:** En el género romántico, es común que los autores tengan una relación cercana con sus lectores, interactuando a través de boletines por correo electrónico, grupos de Facebook, y otros medios.

En resumen, el mercado de las noveletas románticas es dinámico y en constante evolución, pero sigue siendo uno de los pilares de la industria editorial debido a su base de lectores apasionados y leales.

Libro de recetas de cocina

La comida conecta a las personas, refleja culturas y tradiciones, y es una forma de creatividad. Aquí te presento algunas variantes y enfoques que puedes considerar al escribir tu libro de recetas:

1. **Recetas regionales o culturales:** Puedes centrarte en platos específicos de una región, país o cultura. Esto no solo brinda recetas, sino también la historia y tradiciones detrás de los platos.

2. **Recetas temáticas:** Centra el libro en un tema específico, como fiestas, estaciones del año, picnics, desayunos, postres, etc.

3. **Recetas saludables:** Enfócate en comidas bajas en calorías, sin gluten, veganas paleo, entre otras.

4. **Recetas rápidas:** Para personas con poco tiempo, puedes ofrecer recetas que se hagan en menos de 30 minutos o que requieran pocos ingredientes.

5. **Recetas gourmet:** Si tu público son chefs o entusiastas de la cocina que buscan desafíos, opta por recetas más sofisticadas y técnicas avanzadas.

6. **Recetas familiares:** Compila recetas que han sido pasadas de generación en generación en tu familia o en la de otros. Acompáñalas con anécdotas o historias que las hagan especiales.

7. **Recetas para niños:** Diseñadas para ser preparadas por o para niños, con ingredientes atractivos y presentaciones divertidas.

8. **Recetas de aprovechamiento:** Centradas en cómo reutilizar ingredientes sobrantes o cómo aprovechar al máximo todos los componentes de un ingrediente.

9. **Recetas de un solo ingrediente:** Todo el libro podría girar en torno a un ingrediente específico, explorando todas las formas posibles de cocinarlo. Por ejemplo: pastas, patatas o maíz.

10. **Recetas de bebidas:** Desde jugos naturales hasta cócteles sofisticados.

11. **Fotografía culinaria:** Además de las recetas, podrías centrarte en la fotografía de los platos, convirtiendo el libro también en un objeto atractivo a la vista.

12. **Recetas históricas:** Explora platos de diferentes eras o momentos históricos y adapta las recetas para la cocina moderna.

13. **Dietas específicas:** Recetas para personas con condiciones específicas, como diabetes, enfermedad celíaca, intolerancias alimentarias, etc.

14. **Recetas de viaje:** Si eres un viajero, podrías compilar recetas de lugares que has visitado, añadiendo anécdotas de tus viajes y la historia de cada plato.

15. **Técnicas culinarias:** Más que centrarse en las recetas en sí, podrías profundizar en técnicas específicas de cocina, enseñando a tus lectores habilidades que luego pueden aplicar a una variedad de platos.

Al decidir sobre una variante o enfoque para tu libro de recetas, considera tu propio interés y pasión, así como lo que crees que podría ser atractivo o útil para tus potenciales lectores. ¡Buena suerte con tu proyecto!

Jardinería doméstica

La jardinería doméstica ofrece numerosos atractivos, mucho más para las personas retiradas. Aquí te presento algunas de las razones por las que la jardinería puede ser beneficiosa y atractiva para este grupo demográfico, seguido de una estructura sugerida para un libro sobre el tema:

Atractivos de la jardinería doméstica para personas retiradas:

1. **Conexión con la naturaleza:** La jardinería permite un contacto directo con la tierra, las plantas y el ambiente. Esta conexión puede ser terapéutica y ofrecer un ambiente de paz.

2. **Actividad física moderada:** Jardinear es una forma excelente de mantenerse activo, fortaleciendo músculos, mejorando la flexibilidad y beneficiando la salud cardiovascular.

3. **Estimulación mental:** La jardinería requiere planificación, aprendizaje sobre diferentes plantas y resolución de problemas, lo que mantiene la mente activa y aguda.

4. **Sentido de logro:** Ver crecer y florecer las plantas que uno ha cuidado brinda una inmensa satisfacción.

5. **Reducción del estrés:** La jardinería es una actividad relajante que puede ayudar a reducir niveles de estrés y ansiedad.

6. **Posibilidad de socialización:** Un jardín puede ser un punto de encuentro, donde amigos y familiares se reúnen, o donde se puede interactuar con otros jardineros para intercambiar consejos y plantas.

7. **Fuente de alimentos frescos:** Si se opta por un jardín de alimentos, se puede disfrutar de verduras y frutas frescas, lo que es beneficioso para la salud.

Estructura para un libro de jardinería para personas retiradas:

1. **Introducción:**
   - Beneficios de la jardinería en la jubilación.
   - Historias inspiradoras de jardineros retirados.

2. **Capítulo 1: Empezando:**
   - Seleccionando un espacio para el jardín.
   - Herramientas básicas y cómo elegirlas.
   - Seguridad y ergonomía en la jardinería.

3. **Capítulo 2: Jardinería de bajo mantenimiento:**
   - Plantas resistentes y fáciles de cuidar.
   - Consejos para minimizar el esfuerzo y maximizar el disfrute.

4. **Capítulo 3: Jardines de alimentos:**
   - Cultivar verduras y frutas en casa.
   - Plantas recomendadas para el clima local.

5. **Capítulo 4: Jardinería en espacios reducidos:**
   - Técnicas de jardinería vertical.

- Uso de contenedores y macetas.

6. **Capítulo 5: Jardines terapéuticos:**
   - Diseño centrado en la relajación y el bienestar.
   - Plantas aromáticas y su beneficio.

7. **Capítulo 6: Atrayendo la vida silvestre:**
   - Crear un refugio para aves, mariposas y otros animales.
   - Plantas nativas y su importancia.

8. **Capítulo 7: Comunidad y jardinería:**
   - Unirse o crear clubes de jardinería.
   - Proyectos comunitarios y beneficios de la jardinería colectiva.

9. **Capítulo 8: Solución de problemas comunes:**
   - Enfermedades de las plantas y cómo tratarlas.
   - Consejos para combatir plagas de forma orgánica.

10. **Conclusión: Reflexiones sobre la jardinería como una práctica de vida y bienestar.**

11. **Apéndice: Recursos adicionales, como libros, sitios web y organizaciones dedicadas a la jardinería.**

Este es solo un esquema general que puede ser adaptado y ampliado según las necesidades y objetivos específicos del libro. ¡Buena suerte con tu proyecto de escritura sobre jardinería!

Jardinería vertical

La jardinería vertical se refiere al cultivo de plantas en superficies verticales, como paredes y cercas. Se trata de una solución que aprovecha el espacio, lo que la hace útil en áreas urbanas o lugares con espacio limitado. Estos jardines pueden ser tanto interiores como exteriores.

Características de la jardinería vertical:

1. **Ahorro de espacio:** La jardinería vertical permite cultivar una variedad de plantas en un área pequeña al maximizar el uso del espacio vertical disponible.

2. **Estética y diseño:** Los jardines verticales pueden ser una herramienta arquitectónica y de diseño, aportando belleza y vitalidad a espacios interiores y fachadas de edificios.

3. **Reducción de ruido:** Actúan como barreras acústicas, ayudando a reducir la contaminación sonora.

4. **Beneficios psicológicos:** Los jardines verticales en interiores pueden mejorar el bienestar y reducir el estrés de quienes habitan o trabajan en esos espacios.

Algunos componentes de un jardín vertical:

5. **Estructura de soporte:** Se necesita una estructura que pueda sostener el peso del sustrato, las plantas y el agua. Estas estructuras pueden ser de metal, madera o materiales compuestos.

6. **Sustrato:** A diferencia de la jardinería tradicional, la jardinería vertical no siempre utiliza tierra. En su lugar, se pueden usar sustratos ligeros como fieltro, fibras de coco o mallas especializadas que permiten el crecimiento de las raíces.

7. **Sistema de riego:** Dada la naturaleza vertical de estos jardines, el riego puede ser un desafío. Se utilizan a menudo sistemas de riego por goteo o hidropónicos para garantizar que todas las

plantas reciban agua de manera uniforme.

8. **Selección de plantas:** No todas las plantas son adecuadas para la jardinería vertical. Es fundamental elegir plantas que se adapten bien a este tipo de entorno, considerando factores como la luz, el clima y el mantenimiento.

La jardinería vertical es una técnica en crecimiento, popular tanto por sus beneficios ambientales como estéticos. Se ha implementado en diversas ciudades alrededor del mundo como una forma de reintroducir el verde en espacios urbanos y mejorar la calidad de vida de sus habitantes.

Libro sobre manualidades

Las manualidades abarcan una amplia gama de actividades y especialidades. A continuación, te presento una lista de algunas de las especialidades más populares dentro de las manualidades:

Especialidades en manualidades:

1. **Papel y cartón:**
   - Origami (arte de plegar papel).
   - Quilling (arte de enrollar tiras de papel).
   - Tarjetería (creación de tarjetas personalizadas).
   - Scrapbooking (álbumes de recortes).
   - Papel maché.

2. **Tela y costura:**
   - Patchwork (técnica de unir retazos de tela).
   - Bordado.
   - Crochet y ganchillo.
   - Macramé.
   - Punto de cruz.

3. **Madera:**

- Marquetería (incrustaciones en madera).

- Tallado.

- Pirograbado.

4. **Cerámica y modelado:**

- Alfarería.

- Modelado con arcilla polimérica (como Fimo o Sculpey).

- Creación de mosaicos.

5. **Bisutería y joyería:**

- Elaboración de collares, pulseras, aretes.

- Cuentas y abalorios.

- Joyería con resina.

6. **Pintura y dibujo:**

- Pintura en tela.

- Pintura en cerámica o porcelana.

- Pintura en vidrio.

7. **Velas y jabones:**

- Fabricación de velas.

- Elaboración de jabones artesanales.

8. **Reciclaje y upcycling:**

- Transformación de materiales desechados en objetos útiles o decorativos.

9. **Otros:**
   - Flores secas y prensadas.
   - Creación de marionetas y muñecos.
   - Técnicas de estampado.
   - Arte con hilos y clavos.

Estructura para un libro de manualidades:

1. **Introducción:**
   - Historia y evolución de las manualidades.
   - Beneficios de las manualidades para la mente y el cuerpo.

2. **Herramientas y materiales básicos:**
   - Descripción y uso de herramientas comunes.
   - Tipos de materiales y su selección.

3. **Capítulos divididos por especialidad:**
   - Historia y origen de la técnica.
   - Herramientas y materiales específicos.
   - Paso a paso para varios proyectos, desde básicos hasta avanzados.
   - Fotografías o ilustraciones detalladas para cada proyecto.
   - Consejos y trucos para mejorar la técnica.

4. **Galería de inspiración:**
   - Fotografías de proyectos terminados.
   - Historias de artesanos o testimonios.

5. **Mantenimiento y cuidado:**
   - Cómo cuidar y mantener los proyectos terminados.
   - Cómo almacenar materiales y herramientas.

6. **Conclusión:**
   - Reflexión sobre la importancia del arte manual en la sociedad moderna.
   - Motivación para seguir explorando y aprendiendo.

7. **Apéndice. Recursos adicionales:**
   - Dónde comprar materiales.
   - Recursos online: blogs, tutoriales, comunidades.

8. **Índice temático.**

Esta estructura es solo un punto de partida y puede ser adaptada según las necesidades y objetivos específicos del libro. ¡Buena suerte con tu proyecto de escritura sobre manualidades!

Libro de chistes

Escribir un libro sobre chistes, en particular tomemos por ejemplo el tema político, requiere sensibilidad y un cuidadoso manejo del contenido. A continuación, te doy algunos pasos sobre cómo estructurar este tipo de libro y consejos para compilar la información:

Estructura:

1. **Introducción:**
   - Breve historia del humor político.
   - La importancia del humor como herramienta de crítica social y política.
   - Precaución sobre la sensibilidad de ciertos temas.

2. **Clasificación de chistes por temas:**
   - Chistes sobre líderes y gobernantes específicos.
   - Chistes sobre partidos o movimientos políticos.
   - Chistes sobre eventos o situaciones políticas (elecciones, escándalos, etc.).
   - Chistes sobre la vida cotidiana bajo ciertos regímenes o políticas.

3. Sección sobre humor gráfico (si decides incluirlo):
   • Viñetas cómicas.
   • Caricaturas de líderes políticos.

4. Análisis del humor político:
   a. Reflexión sobre límites y tabúes.
   b. La diferencia entre humor y ofensa.
   c. Entrevistas o citas de comediantes o humoristas políticos reconocidos.

5. Conclusiones:
   d. El papel del humor en la democracia y la libertad de expresión.
   e. La evolución del humor político con el tiempo.

Fuentes de información:

1. **Recopilación propia:** Puedes comenzar escribiendo chistes que ya conozcas o que hayas escuchado.

2. **Investigación:** Libros de humor, periódicos, revistas y sitios web dedicados al humor político.

3. **Entrevistas:** Conversa con comediantes o humoristas que se especialicen en humor político.

4. **Recopilación pública:** Realiza encuestas o pide colaboraciones al público en general a través de redes sociales o sitios web.

5. **Asiste a espectáculos:** Ve a shows de comedia o eventos donde se presenten chistes políticos.

6. Índice:

- Introducción.
- Chistes sobre líderes y gobernantes.
- Chistes sobre partidos y movimientos.
- Chistes sobre eventos políticos.
- Chistes de vida cotidiana y políticas.
- Humor gráfico.
- Análisis y reflexiones.
- Conclusiones.

Consideraciones:

- **Sensibilidad:** Ten en cuenta que el humor político puede ser ofensivo. Evita la difamación.

- **Derechos de autor:** Si decides incluir chistes de otros autores o humor gráfico, asegúrate de tener los derechos correspondientes o de dar el crédito adecuado.

- **Cultural y temporal:** Lo que es gracioso en una cultura o en un momento específico puede no serlo en otra o con el paso del tiempo.

En definitiva, escribir un libro de chistes políticos requiere un equilibrio entre el humor, la crítica, los involucrados y el público.

Libros de chistes sobre otros temas

1. Profesiones:

- Médicos y enfermeras.

- Abogados.

- Profesores y estudiantes.

- Ingenieros y arquitectos.

- Policías y bomberos.

2. **Edad y etapas de la vida:**
   - Chistes infantiles.

   - Chistes de adolescentes.

   - Chistes sobre la mediana edad.

   - Chistes sobre la vejez.

3. **Animales:**
   - Perros y gatos.

   - Animales de granja.

   - Animales salvajes.

4. **Deportes:**
   - Fútbol, béisbol, baloncesto, etc.

   - Juegos olímpicos.

   - Chistes sobre aficionados e hinchas.

5. **Cultura y entretenimiento:**
   - Cine y actores.

   - Música y músicos.

   - Literatura y escritores.

6. **Tecnología:**
   - Computadoras e Internet.
   - Redes sociales.
   - Robots y automatización.

7. **Viajes y lugares:**
   - Diferentes países o ciudades.
   - Turismo y turistas.
   - Viajes espaciales.

8. **Familia:**
   - Relaciones de pareja.
   - Padres e hijos.
   - Suegros.

9. **Alimentos y bebidas:**
   - Restaurantes y chefs.
   - Dietas y comida saludable.
   - Vino, cerveza y cocteles.

10. **Días festivos y celebraciones:**
    - Navidad, Halloween, San Valentín, etc.
    - Cumpleaños y aniversarios.

11. **Situaciones cotidianas:**
    - Transporte y tráfico.
    - Compras y supermercados.
    - Vida en la ciudad versus vida en el campo.

12. **Historia y personajes históricos:**
- Reyes, reinas y líderes del pasado.
- Eventos históricos destacados.

13. **Ciencia:**
- Chistes sobre matemáticas, física, química, biología, etcétera.
- Chistes sobre científicos famosos.

14. **Chistes de palabras:**
- Juegos de palabras, adivinanzas y acertijos.

Libro de frases inspiradoras

Recopilar frases inspiradoras para un libro puede ser gratificante. Aquí te comparto un proceso paso a paso para recopilar estas frases y una estructura sugerida para el libro:

Recopilación de frases inspiradoras:

1. **Investigación personal:**
   - Revise sus propios libros, diarios, y notas. Es posible que ya tenga algunas frases anotadas de lecturas pasadas.

2. **Bibliotecas y librerías:**
   - Lea libros clásicos, biografías, ensayos y otros géneros. A menudo, estas obras contienen frases inspiradoras que han perdurado a lo largo del tiempo.

3. **Internet:**
   - Sitios web dedicados a citas y frases.
   - Redes sociales como Twitter, Pinterest o Instagram, donde las personas a menudo comparten citas inspiradoras.

4. **Películas y música:**
   - Algunas de las frases más icónicas y memorables provienen del cine y de letras de canciones.

5. **Entrevistas:**

   - Hable con personas que admira o considere inspiradoras y solicite sus frases favoritas o consejos de vida.

6. **Asistencia a eventos:**

   - Conferencias, seminarios, charlas TED, y otros eventos similares suelen ser fuentes de inspiración y reflexión.

Estructura del libro:

1. **Introducción:**

   - Breve introducción sobre la importancia de las frases inspiradoras y cómo pueden impactar positivamente en la vida de las personas.

2. **Clasificación temática: Se pueden clasificar las frases según distintos temas, tales como:**

   - Amor y Relaciones.

   - Éxito y Fracaso.

   - Esperanza y Resiliencia.

   - Naturaleza y Universo.

   - Autoconocimiento y Crecimiento Personal.

   - Vida y Muerte.

   - Religión

3. **Frases de personalidades famosas:**

   - Esta sección podría contener frases de figuras históricas, celebridades, filósofos, escritores, etc.

4. **Frases anónimas:**
   - Algunas frases inspiradoras no tienen un autor conocido pero siguen siendo valiosas.

5. **Reflexiones propias:**
   - Si se siente inspirado, podría incluir sus propias frases o reflexiones sobre ciertos temas.

6. **Índice temático:**
   - Un índice al final del libro que clasifique las frases por temas ayudará a los lectores a encontrar rápido lo que buscan.

7. **Créditos y fuentes:**
   - Asegúrese de dar crédito a los autores originales de las frases y mencionar las fuentes de donde las obtuvo, sobre todo si no son de dominio público.

Consejos adicionales:

- **Diseño visual**: Una buena presentación visual puede hacer que las frases resalten más. Considere trabajar con un diseñador gráfico para incluir ilustraciones o tipografías llamativas.

- **Anécdotas breves**: Junto a algunas frases, podría incluir breves anécdotas o historias que contextualicen la frase y la hagan más impactante.

- **Revisión**: Asegúrese de revisar y verificar la autenticidad de las frases, ya que a veces se atribuyen mal.

Espero que estos consejos te sean útiles en tu proyecto de recopilación de frases inspiradoras.

Libros de fotografías

Los libros de fotografías ofrecen una forma visual de contar historias o compartir experiencias. A continuación, te presento una lista de diferentes tipos o categorías de libros de fotografías que se pueden crear:

1. **Temáticos:**
   - Naturaleza (paisajes, flora, fauna).
   - Arquitectura (edificios antiguos, rascacielos, casas tradicionales).
   - Retratos (rostros de distintas culturas, generaciones, profesiones).
   - Fotografía callejera (escenas cotidianas de ciudades).
   - Deportes (momentos icónicos, retratos de atletas).
   - Fotografía subacuática.
   - Alimentos (fotografía culinaria).

2. **Monográficos (un fotógrafo en específico):**
   - Obras completas o selecciones de un fotógrafo famoso.
   - Portafolio de un fotógrafo emergente.

3. **Históricos o de una época:**
   - Fotografías de una década o era específica.
   - Fotografías de eventos históricos.

4. **Geográficos:**
   - Fotografías de un país o región.
   - Ciudades del mundo.
   - Viajes por lugares remotos o poco conocidos.

5. **Documentales o periodísticos:**
   - Reportajes fotográficos sobre eventos actuales o temas sociales.
   - Fotografías que acompañan investigaciones periodísticas.

6. **Técnicos o educativos:**
   - Fotografías que demuestran técnicas específicas.
   - Tutoriales con ejemplos visuales.

7. **Conceptuales o artísticos:**
   - Fotografías que exploran una idea o concepto abstracto.
   - Proyectos artísticos que utilizan la fotografía como medio.

8. **Autobiográficos:**
   - Narración visual de la vida del fotógrafo.
   - Historias personales contadas a través de imágenes.

9. **Comerciales:**
   - Portafolios de fotógrafos comerciales.
   - Fotografías de productos o moda.

10. **Eventos específicos:**
- Bodas, bautizos, fiestas, conciertos.
- Grandes eventos, como festivales o eventos deportivos.

11. **Naturaleza muerta o estilizadas:**
- Fotografías de objetos realizadas en un estudio,, creando composiciones específicas.

12. **Animales:**
- Vida salvaje.
- Mascotas y animales domésticos.

13. **Aéreas, ahora con drones:**
- Fotografías tomadas desde el aire, ofreciendo una perspectiva única.

14. **Astrofotografía:**
- Imágenes del espacio, estrellas, planetas, y otros fenómenos celestes.

15. **Recopilaciones:**
- "Lo mejor de..." que pueden ser selecciones anuales, por concurso, etc.

Estas categorías son solo puntos de partida y combinarse o adaptarse según la visión y el propósito del editor. La clave es mantener una cohesión y un propósito claro a lo largo del libro para que el lector pueda sumergirse en la narrativa visual que se presenta.

Determinar el estado de los derechos de autor de una foto-grafía, en especial una que data de hace varias décadas, pue-de ser un desafío, pero aquí te ofrezco un proceso general que puedes seguir para intentar determinarlo:

1. **Fecha de creación:**
   - En primer lugar, es esencial conocer la fecha exacta o apro-ximada de creación de la fotografía. Dices que la fotografía es de 1949, así que ese es un buen punto de partida.

2. **Leyes de derechos de autor:**
   - Las leyes de derechos de autor varían según el país. Si estás en Estados Unidos, por ejemplo, cualquier obra creada antes de 1923 es de dominio público. Sin embargo, para obras creadas después de esa fecha, la duración del copyright depende de varios factores, como si la obra fue creada por un individuo, una corporación, si fue publicada o no, y si el copyright fue renovado.
   - En el caso de una fotografía de 1949, si fue publicada antes del 1 de enero de 1964 y no se renovó el copyright, enton-ces estaría en el dominio público. Si se renovó, entonces el copyright duraría 95 años desde la fecha de publicación, lo que significa que estaría protegida hasta 2044.

3. **Identificar al autor o editor:**
   - Si puedes identificar al fotógrafo o a la entidad que publicó la foto, podrías investigar si renovaron los derechos de la imagen. Esto puede ser complicado, ya que no todas las reno-vaciones están digitalizadas o son de fácil acceso público.

4. **Bases de datos y registros de copyright:**
   - La Oficina de Copyright de los Estados Unidos tiene registros que puedes consultar. Sin embargo, la totalidad de los registros antiguos no está digitalizada, y puede requerir una búsqueda física o incluso la ayuda de un investigador especializado.

5. **Sitio Web de origen:**
   - Si estás viendo la foto en un sitio web, verifica si hay alguna mención sobre los derechos de autor. A veces, los sitios ofrecen información sobre la licencia bajo la cual se presenta la imagen.

6. **Utiliza herramientas de búsqueda de imágenes:**
   - Herramientas como Google Images o TinEye te permiten hacer una búsqueda inversa de imágenes. Al hacer esto, podrías encontrar otros sitios que albergan la misma foto y te sirva para obtener más información sobre su copyright.

7. **Consultar con un experto:**
   - Si después de realizar tus investigaciones aún no estás seguro del estado de copyright de la imagen, puede ser útil consultar con un abogado especializado en derechos de autor o con un archivista especializado en fotografías.

Las penalizaciones por violar los derechos de autor pueden ser significativas. Si no estás seguro sobre el estado de copyright de una imagen y no puedes obtener permiso para usarla, es más seguro abstenerse de hacerlo.

Cuidados de salud a quien requiere atención especial

Crear un libro sobre el cuidado de un ser querido con una enfermedad que requiera atención especial puede ser una herramienta valiosa para quienes están atravesando esta experiencia. Aquí te presento una estructura general, sugerencias para emocinar a los cuidadores, y algunas enfermedades que suelen requerir un cuidado especial:

Estructura general del libro:

1. **Introducción:**
   - Breve relato personal o testimonio de alguien que haya pasado por esta experiencia.
   - Objetivos del libro.

2. **Entender la enfermedad:**
   - Descripción básica de la enfermedad que se aborde.
   - Síntomas y progresión esperada.
   - Aspectos médicos y tratamientos disponibles.

3. **El rol del cuidador:**
   - Las responsabilidades típicas de un cuidador.

- Los desafíos emocionales y físicos.

- La importancia del autocuidado.

Técnicas y consejos para el cuidado diario:

- Rutinas recomendadas.

- Uso de equipos o herramientas, si es relevante.

- Manejo de síntomas específicos.

4. **Atender a las necesidades emocionales y espirituales:**

- La importancia de la comunicación.

- Actividades para fortalecer el vínculo emocional.

- Cómo buscar apoyo espiritual o religioso, si es relevante para el lector.

5. **Buscar ayuda y apoyo:**

- La importancia de las redes de apoyo.

- Grupos de apoyo y recursos comunitarios.

- Cómo y cuándo buscar ayuda profesional.

6. **Historias y testimonios:**

- Relatos de otros cuidadores, compartiendo sus desafíos y triunfos.

- Consejos y lecciones aprendidas.

7. **Conclusión:**

- Reflexión sobre la jornada del cuidador.

- Alentar la resiliencia y el amor incondicional.

Llegar a las fibras sentimentales del cuidador:

- Utiliza historias y anécdotas reales que reflejen la experiencia del cuidado, mostrando tanto los desafíos como los momentos de alegría.

- Incluye citas inspiradoras o poemas relacionados con la resistencia, el amor y el cuidado.

- Provee ejercicios de reflexión o diario para ayudar a los cuidadores a procesar sus emociones.

- Usa un lenguaje compasivo y empático a lo largo del libro.

Enfermedades comunes que requieren cuidados especiales:

- **Demencia y Alzheimer**: Estas enfermedades degenerativas afectan la memoria y la capacidad cognitiva, requiriendo cuidado continuo a medida que avanzan.

- **Parkinson**: Aunque los síntomas iniciales pueden ser leves, con el tiempo, el paciente puede necesitar ayuda para realizar tareas diarias.

- **Esclerosis Lateral Amiotrófica (ELA) y otras enfermedades neuromusculares**: Estas enfermedades afectan la movilidad y las funciones motoras.

- **Accidentes cerebrovasculares**: Dependiendo de la gravedad, los pacientes pueden requerir rehabilitación y cuidados a largo plazo.

- **Cáncer avanzado**: Los pacientes en etapas avanzadas del cáncer pueden requerir cuidados paliativos.

- **Enfermedades cardíacas crónicas:** Estas pueden limitar la capacidad de una persona para realizar actividades y requerir supervisión y ayuda.

- **Enfermedades pulmonares crónicas:** Pueden limitar la capacidad respiratoria, necesitando oxígeno constante o asistencia para actividades diarias.

El proceso de cuidar a alguien con una enfermedad grave es una jornada llena de desafíos, pero también de amor profundo. Un libro que ofrezca orientación, apoyo y comprensión puede ser un faro en tiempos difíciles para muchos cuidadores.

La religión puede jugar un papel importante en el proceso de ayuda a una persona que requiera atenciones especiales y a su cuidador. Las creencias religiosas pueden proporcionar consuelo, esperanza y apoyo en momentos de dificultad.

Cuidados a un ser querido con limitaciones

Escribir un libro sobre el cuidado de alguien con una limitación temporal o permanente es una noble iniciativa. A continuación, te presento una estructura potencial para un libro de este tipo y algunas ideas sobre cómo sensibilizar al cuidador:

Estructura del libro:

1. **Introducción:**
   - Descripción del propósito del libro.
   - Relato personal o testimonio sobre experiencias de cuidado.

2. **Entendiendo la limitación:**
   - Descripción de las limitaciones específicas que abordarás (ceguera, parálisis…).
   - Información sobre la causa, si es relevante (lesión traumática, enfermedad…).
   - Distinción entre condiciones temporales y permanentes.

3. **El mundo desde su perspectiva:**
   - Explorar cómo experimenta el mundo la persona con la limitación.

- Desafíos y emociones comunes asociadas con la adaptación a una nueva realidad.

4. **El rol del cuidador:**
   - Las responsabilidades y expectativas del cuidador.
   - Estrategias para manejar el estrés y evitar el agotamiento del cuidador.

5. **Herramientas y técnicas de cuidado:**
   - Dispositivos y herramientas específicas que pueden ayudar (por ejemplo, bastones para los ciegos).
   - Técnicas para asistir en la movilidad y la realización de tareas diarias.
   - Adaptaciones al hogar y al entorno.

6. **Comunicación y relación con la persona cuidada:**
   - La importancia de la escucha activa y la empatía.
   - Estrategias para una comunicación efectiva y respetuosa.

7. **Autonomía y empoderamiento:**
   - Fomentar la independencia y confianza en la persona cuidada.
   - Enseñar habilidades y técnicas para que pueda manejar ciertas tareas por sí misma.

8. **Historias y Testimonios:**
   - Compartir experiencias de otros cuidadores y personas con limitaciones.
   - Destacar momentos de crecimiento, adaptación y conexión.

9. **Recursos y apoyo:**
- Información sobre grupos de apoyo, organizaciones y recursos educativos.
- La importancia de buscar ayuda cuando sea necesario.

10. **Conclusión:**
- Reflexiones finales sobre la relación entre cuidador y la persona con limitaciones.
- Mensaje inspirador sobre la resiliencia, adaptación y amor.

Sensibilización del cuidador:

- **Empatía:** Fomentar la empatía y pedirle al cuidador que se ponga en el lugar de la persona con limitaciones. Esto podría hacerse mediante ejercicios, relatos o testimonios que muestren la perspectiva de la persona afectada.

- **Educación:** Proporcionar información completa sobre la limitación específica. El conocimiento puede desmitificar y reducir el miedo o la incomprensión.

- **Ejercicios prácticos:** Organizar actividades donde el cuidador experimente la limitación (por ejemplo, usar una venda en los ojos para experimentar la ceguera). Estos ejercicios pueden ofrecer una comprensión más profunda de los desafíos diarios.

- **Destacar la humanidad:** Recordar que, no obstante su limitación, la persona cuidada tiene sueños, emociones, deseos y necesidades, al igual que cualquier otra persona.

- **Conexión emocional:** Compartir historias de éxito y de superación, donde la relación entre el cuidador y la persona con limitaciones haya florecido a pesar de los desafíos.

El objetivo principal es crear una relación de apoyo mutuo entre el cuidador y la persona con la limitación, donde ambos se sientan respetados, comprendidos y empoderados.

La religión puede jugar un papel importante en el proceso de ayuda a una persona con limitaciones y a su cuidador. Las creencias religiosas pueden proporcionar consuelo, esperanza y apoyo en momentos de dificultad.

Libro de ayuda a padres adoptivos

Escribir un libro que aborde las necesidades específicas y únicas de los padres adoptivos es esencial para ayudar a las familias a navegar por los desafíos y oportunidades de la adopción. Aquí hay una estructura sugerida para tal libro:

Estructura del libro:

1. **Introducción:**
   - ¿Por qué es importante este libro?
   - Contexto personal o relevancia del tema (si aplica).

2. **Comprendiendo la adopción:**
   - Historia y tipos de adopción.
   - Las emociones comunes y las expectativas asociadas con la adopción.

3. **El proceso de duelo en los niños adoptados:**
   - Entender el duelo en niños que han perdido a sus padres.
   - Señales y síntomas del duelo en diferentes etapas del desarrollo.
   - Cómo ayudar a los niños a procesar su duelo.

4. **La construcción del vínculo afectivo:**
   - Técnicas y actividades para fortalecer el vínculo entre los padres adoptivos y el niño.
   - Entender los desafíos y obstáculos comunes en la construcción del vínculo.

5. **Navegando por la identidad y la cultura:**
   - Ayudar a los niños a comprender su identidad dual: su herencia biológica y su familia adoptiva.
   - Abordar la adopción intercultural o interracial y cómo celebrar la diversidad en la familia.

6. **Comunicación abierta:**
   - La importancia de hablar sobre la adopción.
   - Cómo y cuándo contarles a los niños su historia de adopción.
   - Manejar preguntas y comentarios difíciles.

7. **Desarrollo y educación:**
   - Entender las etapas del desarrollo en relación con la adopción.
   - Abordar la adopción en la escuela y en la comunidad.

8. **La salud mental y el bienestar emocional:**
   - Reconocer señales de trauma o estrés en el niño.
   - Buscar ayuda y apoyo profesional cuando sea necesario.

9. **La dinámica familiar y los hermanos:**
   - Integrar al niño adoptado en familias con otros hijos.

- Manejar los celos, la competencia y la adaptación.

10. **recursos y apoyo:**
    - Organizaciones, grupos de apoyo y literatura recomendada.
    - Derechos legales y aspectos relevantes para padres adoptivos.

11. **Conclusión:**
    - Reflexiones finales sobre la jornada de adopción y el amor incondicional.
    - Testimonios y casos de éxito.

Consejos para sensibilizar y ayudar a los padres adoptivos:

- **Narrativas personales:** Compartir historias reales y testimonios de otros padres adoptivos y niños adoptados puede ofrecer perspectivas valiosas y consuelo.

- **Educación continua:** Alienta a los padres adoptivos a educarse con constancia sobre las necesidades únicas de los niños adoptados.

- **Espacio para emociones:** Enfatizar la importancia de permitir que tanto los padres como los niños expresen y procesen sus emociones.

- **Comunidad:** Alentar a los padres adoptivos a buscar y conectarse con otras familias adoptivas para apoyo mutuo.

Es crucial que el libro se acerque al tema con sensibilidad, comprensión y respeto, reconociendo la diversidad de experiencias dentro de la comunidad adoptiva.

Libro de ayuda a quién haya sufrido eventos traumáticos

Escribir un libro sobre cómo recuperarse de traumas y desafíos significativos es esencial, ya que puede ser una herramienta valiosa para quienes están en el proceso de alivio. A continuación, te presento una estructura sugerida para tal libro:

Estructura del libro:

1. **Introducción:**
   - Propósito y objetivos del libro.
   - Breve descripción de los principales retos y traumas que se abordarán.

2. **Entendiendo el trauma y el duelo:**
   - Definiciones y diferencias.
   - Fases comunes y cómo se manifiestan.

3. **La resiliencia: definición y conceptos básicos:**
   - ¿Qué es la resiliencia?
   - La importancia de desarrollar resiliencia ante los desafíos.

4. **Enfrentando una enfermedad y sus secuelas:**
   - Reconociendo y aceptando las secuelas.

- Estrategias para la rehabilitación física y emocional.

- Historias de éxito y superación.

5. **Recuperación de un encarcelamiento prolongado:**

   - Los desafíos de la reintegración a la sociedad.

   - Reconstruyendo relaciones y la confianza en uno mismo.

   - Buscar y obtener apoyo profesional y comunitario.

6. **Navegando el duelo por la pérdida de un ser querido:**

   - Aceptar y entender el dolor.

   - Estrategias para procesar el duelo.

   - Honrar la memoria después de la pérdida.

7. **Herramientas y técnicas de afrontamiento:**

   - Meditación y técnicas de relajación.

   - Terapia y asesoramiento.

   - La importancia de la autoexpresión: escribir, arte, música.

8. **Reconstruir la vida definiendo un nuevo modo:**

   - Establecer metas y visualizar el futuro.

   - Fomentar conexiones sociales y apoyo.

9. **Desarrollar un círculo de apoyo:**

   - La importancia de las redes de apoyo.

   - Cómo encontrar y unirse a grupos de apoyo.

10. **Prevención y preparación para futuros desafíos:**

    - Aprender de las experiencias pasadas.

    - Estrategias para prevenir y minimizar traumas futuros.

11. Conclusión:

- Reflexiones finales sobre el proceso de recuperación y la esperanza.

- Recursos adicionales y lecturas recomendadas.

Consejos adicionales:

- **Enfoque personal**: Es útil incluir testimonios o historias personales para ilustrar puntos y humanizar el contenido. Estas historias pueden ofrecer esperanza y perspectiva a los lectores.

- **Sensibilidad y empatía**: El tono del libro debe ser compasivo y alentador. Es fundamental reconocer la diversidad de experiencias y respuestas a traumas y desafíos.

- **Recursos adicionales**: Proporcionar recursos adicionales, como información de contacto de organizaciones de apoyo, recomendaciones de lectura y herramientas prácticas, puede ser invaluable para los lectores.

Este libro tiene el potencial de ser una guía transformadora para muchas personas en su viaje hacia la recuperación y la resiliencia. Es crucial abordar estos temas difíciles con cuidado, respeto y una profunda comprensión.

La religión puede jugar un papel importante en el proceso de duelo de una persona que ha sufrido una gran pérdida. Las creencias religiosas pueden proporcionar consuelo, esperanza y apoyo en momentos de dificultad.

Mi mascota

Un libro sobre anécdotas y experiencias con una mascota puede ser una lectura reconfortante, emotiva y a veces humorística que conecta a los lectores con la alegría y el consuelo que los animales pueden aportar a nuestras vidas. Aquí te propongo una estructura básica para este tipo de libro:

Estructura del libro:

1. **Introducción:**
   - Explicación del propósito del libro.

   - Una breve presentación de la mascota protagonista (nombre, especie, características distintivas).

2. **Orígenes y primer encuentro:**
   - ¿Cómo llegó la mascota a la vida del autor?

   - Primeras impresiones y momentos iniciales.

3. **Aprendizaje y adaptación:**
   - Las primeras lecciones aprendidas al cuidar de la mascota.

   - Historias sobre la adaptación del animal al nuevo hogar.

4. **Anécdotas divertidas:**
   - Episodios cómicos que destacan la personalidad juguetona o las travesuras de la mascota.

5. **Momentos de desafío:**
   - Situaciones que presentaron desafíos, como enfermedades, comportamientos inesperados o adaptaciones a cambios en el entorno.

6. **Lecciones aprendidas:**
   - Historias que revelan lo que la mascota enseñó al dueño: paciencia, amor incondicional, disfrutar del presente, etc.

7. **Viajes y aventuras:**
   - Anécdotas sobre viajes o salidas especiales, y cómo la mascota interactuó con nuevos ambientes o personas.

8. **Interacciones con otros animales y personas:**
   - Cuentos sobre cómo la mascota se relacionó con otros animales o con diferentes miembros de la familia o amigos.

9. **Momentos emotivos:**
   - Episodios que tocaron el corazón, ya sean momentos tiernos, de apoyo emocional o despedidas.

10. **El legado de la mascota:**
    - Reflexiones sobre cómo la vida del autor cambió gracias a la mascota.
    - Lecciones duraderas y recuerdos imborrables.

11. **Conclusión:**
    - Pensamientos finales sobre la experiencia general de compartir la vida con la mascota.
    - Una invitación a los lectores a valorar y atesorar los momentos con sus propias mascotas.

12. Galería de fotos (opcional):

- Imágenes de la mascota en diferentes momentos y situaciones.

Consejos adicionales:

- **Tono personalizado**: Mantener un tono personal y genuino hará que el lector se sienta más conectado con las historias.

- **Variedad en la narrativa**: Asegúrate de mezclar diferentes tipos de anécdotas (divertidas, emotivas, lecciones aprendidas) para mantener el interés del lector.

- **Inclusión de ilustraciones**: Si no se tienen fotos, las ilustraciones o dibujos pueden añadir un toque encantador al libro.

Este tipo de libro no solo honra la relación especial entre el dueño y la mascota, sino que también ofrece consuelo, risas y reflexiones a otros amantes de los animales.

Un coleccionista escribe un libro

Estructurar un libro para coleccionistas depende en gran medida del tipo específico de colección que estés tratando. Sin embargo, hay elementos comunes que puedes considerar para cualquier tema de colección. Aquí te ofrezco una estructura básica, utilizando como ejemplo un libro para coleccionistas de monedas antiguas:

Estructura del libro para coleccionistas de monedas Antiguas:

1. **Introducción:**
   - Propósito y objetivos del libro.
   - Breve historia de la colección de monedas.

2. **Historia de las monedas:**
   - Orígenes y evolución de las monedas a través del tiempo.
   - Importancia histórica y cultural de las monedas.

3. **Cómo comenzar la colección:**
   - Primeros pasos para iniciar una colección.
   - Herramientas y materiales recomendados para almacenar y cuidar las monedas.

4. **Categorización de las monedas:**
   - Cómo clasificar y organizar la colección (por época, país, material, etc.).

5. **Monedas destacadas:**
   - Descripciones detalladas de monedas significativas o raras.
   - Imágenes o fotografías de alta calidad de cada moneda.

6. **Valoración y tasación:**
   - Factores que influyen en el valor de una moneda.
   - Métodos para obtener una tasación profesional.

7. **Consejos para adquirir monedas:**
   - Dónde y cómo comprar monedas: tiendas, subastas, ferias …
   - Consejos para evitar falsificaciones y cómo reconocer monedas auténticas.

8. **Mantenimiento y conservación:**
   - Cómo cuidar y conservar las monedas para mantener su valor y apariencia.
   - Problemas comunes y soluciones.

9. **Vender y compartir tu colección:**
   - Consejos para vender monedas o piezas de la colección.
   - Compartir y exhibir la colección en exposiciones o con otros coleccionistas.

10. **Historias y anécdotas de coleccionistas:**
    - Relatos interesantes o curiosos relacionados con la colección de monedas.

11. **Recursos adicionales:**
- Listado de museos, exposiciones y ferias relacionadas.
- Bibliografía y sitios web recomendados.
- Asociaciones o clubes de coleccionistas.

12. **Índice:**
- Índice detallado para facilitar la referencia a temas específicos.

Consejos adicionales:

- **Imágenes de calidad**: En un libro para coleccionistas, las imágenes de alta calidad son esenciales. Asegúrate de que sean claras y detalladas.

- **Actualización regular**: Las guías para coleccionistas a menudo requieren actualizaciones para mantenerse al día con el mercado y los descubrimientos recientes.

- **Colaboraciones**: Considera trabajar con expertos en el campo para aportar credibilidad y profundidad a tu libro.

Este es solo un ejemplo basado en monedas antiguas, pero la estructura general puede adaptarse a cualquier tipo de colección, ya sea arte, sellos, juguetes, tarjetas de deportes, entre otros. El objetivo principal es ofrecer una guía completa y útil para aquellos apasionados por su hobby.

Reseñas de libros, filmes, teatro y otras obras de arte

Escribir un libro de reseñas es una excelente manera de compartir opiniones y análisis sobre diferentes obras artísticas. Aquí te proporciono una estructura básica que puede ser adaptada para reseñar películas, libros y obras de teatro, entre otros:

Estructura básica del libro de reseñas:

1. Introducción:
   - Propósito y objetivos del libro de reseñas.

   - Tu experiencia o credenciales como crítico.

   - Breve explicación sobre cómo eliges las obras a reseñar y tus criterios de evaluación.

2. **Reseñas individuales:** Para cada obra, considera la siguiente estructura:

   a. **Datos básicos:**
   - Título.

   - Autor/Director/Artista.

   - Fecha de publicación/estreno.

- Género o categoría.
- Breve sinopsis o descripción (sin spoilers).

b. **Análisis y crítica:**

- Trama y estructura narrativa.
- Caracterización y desarrollo de personajes.
- Aspectos técnicos (en el caso de películas: dirección, cinematografía, edición, etc.).
- Temas y mensajes subyacentes.
- Tus opiniones personales: qué te gustó, qué no te gustó, momentos destacables, etc.

c. **Comparación (opcional):**

- Relación con otras obras del mismo autor o género.
- Contexto cultural o histórico en el que se enmarca.

d. **Recomendación:**

- Para qué público consideras que es más apropiada.
- Posibles triggers o advertencias para el público.
- Valoración final (puede ser un sistema de estrellas, puntos, etc.).

3. **Categorización (opcional):**

- Puedes organizar las reseñas por géneros, décadas, autores …
- Si es un libro muy extenso, también puedes incluir secciones específicas para películas clásicas, películas contemporáneas, dramas, comedias, etc.

- Ensayos o artículos temáticos (opcional):
- Reflexiones sobre tendencias en la industria del cine, literatura o teatro.
- Evolución de ciertos géneros o estilos.
- Análisis de la obra de un autor, director o artista en particular.

4. **Recomendaciones generales:**
   - Listas temáticas: "Top 10 películas de terror", "Libros esenciales para jóvenes adultos", "Obras de teatro imprescindibles", etc.
   - Recomendaciones según el estado de ánimo o la época del año.

5. **Conclusión:**
   - Reflexiones finales sobre la experiencia de escribir el libro de reseñas.
   - La importancia de la crítica en el mundo del arte y la cultura.

6. **Índice:**
   - Índice detallado para facilitar la referencia a títulos específicos o autores.

Consejos adicionales:

- **Subjetividad vs objetividad:** Si bien todas las reseñas tendrán un elemento de subjetividad, es útil equilibrar tu opinión personal con un análisis objetivo de la obra.

- **Actualización:** Considera la posibilidad de hacer volúmenes actualizados o ediciones nuevas cada ciertos años para incluir nuevas obras.

Un libro de reseñas bien estructurado y escrito puede ser una herramienta invaluable para aquellos que buscan descubrir nuevas obras o profundizar en su comprensión y apreciación de las que ya conocen. ¡Buena suerte en tu proyecto!

Cómo funciona...

Escribir un libro que explique cómo funciona algo (Wall Street o la máquina de vapor) requiere una estructura clara y detallada. A continuación, te presento una estructura básica que puedes adaptar según el tema específico que elijas:

1. **Introducción:**
   - **Propósito y alcance:** Explica por qué es importante comprender el funcionamiento del tema en cuestión.
   - **Historia Breve:** Una introducción rápida a cómo y por qué surgió el tema. Por ejemplo, en el caso de la máquina de vapor, podrías hablar de las necesidades industriales que llevaron a su creación.
   - **Importancia actual:** ¿Cómo afecta este tema a la vida cotidiana o al mundo en general?

2. **Antecedentes y contexto:**
   - **Evolución histórica:** Describe cómo ha evolucionado el tema con el tiempo. En el caso de Wall Street, por ejemplo, podrías hablar de su origen y desarrollo hasta la actualidad.
   - **Influencias culturales o sociales:** Explica las circunstancias culturales o sociales que pueden haber influido en su desarrollo o funcionamiento.

3. **Funcionamiento detallado:**
   - **Componentes básicos:** Describe las partes o elementos clave. Para la máquina de vapor, estos serían los componentes físicos; para Wall Street, podrían ser las diferentes entidades e instituciones involucradas.

   - **Mecánica de operación:** Explica cómo funcionan juntos estos componentes. Usa gráficos o ilustraciones si es necesario.

   - **Procesos asociados:** Describe los procesos que permiten que el tema funcione, como los diferentes mecanismos en una máquina o las transacciones en Wall Street.

4. **Casos de estudio o ejemplos reales:**
   - **Historias de éxito o fracaso:** Relatos que ayuden a ilustrar el funcionamiento en la vida real.

   - **Análisis comparativos:** Si es aplicable, compara con sistemas similares en otros lugares o períodos de tiempo.

5. **Desafíos y críticas:**
   - **Problemas comunes:** Discute los desafíos o problemas asociados con el tema.

   - **Críticas:** Explica las principales críticas que ha recibido el tema, si las hubiera.

6. **El futuro y las proyecciones:**
   - **Innovaciones y cambios recientes:** ¿Hay avances tecnológicos o cambios estructurales que estén afectando el tema?

   - **Proyecciones:** Basado en tendencias actuales, ¿cómo esperas que evolucione el tema en el futuro?

7. **Conclusión:**

- **Resumen del tema:** Una recapitulación de los puntos clave.

- **Invitación a la reflexión:** Fomenta al lector a considerar la importancia y el impacto del tema en su vida y en la sociedad.

8. **Anexos (opcional):**

- **Glosario:** Un listado de términos y su definición relacionados al tema.

- **Gráficos o tablas:** Información adicional que pueda ser útil para el lector.

9. **Índice:**

- Una lista ordenada de temas para facilitar la navegación por el libro.

Consejos adicionales:

- **Uso de gráficos e ilustraciones:** Para temas técnicos o complejos, las imágenes pueden ayudar a clarificar puntos complicados.

- **Investigación rigurosa:** Asegúrate basarte en fuentes confiables y citarlas adecuadamente.

- **Público objetivo:** Adapta el lenguaje y nivel de detalle según el público al que esté dirigido tu libro.

Con esta estructura y consejos, podrás abordar de forma efectiva y clara cualquier tema que decidas explorar en tu libro. ¡Buena suerte con tu proyecto!

¿Cómo escoger el título y subtítulo de mi libro?

Escoger el título y subtítulo de un libro es una parte crucial en el proceso de escritura. Un buen título puede captar la atención de los posibles lectores y darles una idea clara de lo que trata el libro. A continuación, te doy algunas pautas y consejos para ayudarte a escoger un título y subtítulo adecuados:

Título:

- **Conciso y memorable**: Un título debe ser corto y pegajoso. Los títulos largos pueden ser difíciles de recordar.

- **Relevante al contenido**: Asegúrate de que el título refleje el contenido principal del libro.

- **Original**: Verifica que el título no haya sido utilizado antes, de manera especial en tu género. No está prohibido, pero un título único puede ayudar a distinguir tu libro de otros.

- **Evoca emoción o curiosidad**: Un buen título puede hacer que un lector sienta algo o despierte su curiosidad.

- **Fácil de pronunciar y escribir**: Esto facilita que las personas hablen del libro y lo busquen.

Subtítulo:

- **Explicativo**: El subtítulo puede ser una oportunidad para dar más detalles sobre el libro. Por ejemplo, si el título es algo abstracto o artístico, el subtítulo puede clarificar de qué trata el libro.

- **No repetir el título**: Aprovecha el subtítulo para agregar información, no para repetir lo que ya has mencionado.

- **Palabras clave**: Si estás pensando en vender tu libro en línea, considera incluir palabras clave relevantes en el subtítulo para mejorar su visibilidad en las búsquedas.

Consejos Generales:

- **Brainstorming**: Anota todas las ideas que se te ocurran, sin importar lo descabelladas que parezcan. Luego, revisa la lista y combina o refina las opciones.

- **Solicita opiniones**: Pide a amigos, familiares o colegas que te den su opinión sobre los títulos que estás considerando. A veces, una perspectiva externa puede ofrecer valiosos insights.

- **Relevancia cultural o lingüística**: Si estás considerando publicar en diferentes regiones o idiomas, verifica que el título y subtítulo tengan sentido y no sean ofensivos o confusos en otros contextos culturales.

- **Considera la portada**: Imagina cómo se verán el título y subtítulo en la portada del libro. ¿Hay suficiente espacio? ¿Se complementan?

- **Reflexiona sobre el impacto**: Piensa en cómo te gustaría que los lectores reaccionaran al ver el título. ¿Qué impresión quieres dar?

- **Revísalo varias veces**: Como con cualquier otra parte de tu libro, es posible que necesites volver al título y subtítulo varias veces antes de decidirte.

Recuerda que el título y subtítulo son a menudo la primera impresión que tienen los lectores de tu libro, así que tómate el tiempo necesario para escoger algo que represente tu trabajo y atraiga a tus lectores.

Cómo diseñar la cubierta de mi libro

La cubierta o portada de un libro es un elemento fundamental para atraer a los posibles lectores. Un diseño bien ejecutado puede capturar la esencia de un libro y hacer que se destaque en un estante o en una página de ventas en línea. Aquí te presento algunas consideraciones y consejos al escoger el diseño de la portada:

- **Audiencia objetivo**: Antes de decidir sobre el diseño, piensa en quiénes son tus lectores ideales. ¿Qué les gustaría ver? ¿Qué tipo de diseños los atraería? El diseño que elijas debería resonar con tu público-objeto.

- **Género y tema**: La portada debe reflejar el género y el tema del libro. Por ejemplo, una novela romántica podría tener un diseño más suave y melódico, mientras que un thriller podría optar por algo oscuro y misterioso.

- **Con imagen**: Las imágenes pueden ser poderosas y evocar emociones o ideas específicas. Si eliges usar una imagen, asegúrate de que sea de alta calidad y que tenga derechos de uso. La imagen puede ser literal (una representación directa del contenido) o simbólica (algo que evoca el tono o el tema del libro).

- **Sin Imagen:** Algunos libros optan por un diseño minimalista basado en texto. Esto puede ser igual de efectivo, sobre todo si el diseño y la tipografía se han considerado con cuidado.

- **Tipografía:** Elige una fuente que sea legible que complemente el diseño de la portada. Las fuentes también pueden indicar el tono del libro: por ejemplo, una fuente cursiva y elegante podría indicar una historia romántica, mientras que una fuente gruesa y angulosa podría ser adecuada para un thriller.

- **Colores:** Los colores tienen significados y emociones asociadas. Por ejemplo, el rojo puede evocar pasión o peligro, mientras que el azul puede ser calmante y el violeta melancólico. Asegúrate de que los colores que elijas se alineen con el tono y el contenido de tu libro.

- **Originalidad:** Si bien es útil mirar las tendencias actuales en el diseño de portadas, también querrás asegurarte de que tu libro se destaque. Piensa en cómo puedes innovar o diferenciar tu diseño de otros en el mercado.

- **Testeo:** Considera mostrar varios diseños de portada a un grupo de prueba para obtener opiniones. Esto puede darte una idea de qué diseño resonará más con los lectores.

- **Diseñador profesional:** Si no tienes habilidades de diseño, considera contratar a un diseñador de portadas profesional. Pueden aportar experiencia y conocimientos técnicos para crear una portada que se vea profesional y atractiva.

- **Consideraciones técnicas:** Si estás publicando en papel, ten en cuenta aspectos como el lomo del libro y la contraportada. Si estás publicando en línea, considera cómo se verá la portada en diferentes tamaños y en diferentes dispositivos.

- **Legalidad:** Asegúrate de que tienes los derechos de uso de todas las imágenes y fuentes que utilices en tu portada.

En primera instancia, la portada de tu libro es una oportunidad para comunicar de qué trata tu libro y para atraer a los lectores. Dedica tiempo y esfuerzo para asegurarte de que tu portada represente tu trabajo.

Cómo hacer la contracubierta de mi libro

La contracubierta o contraportada de un libro tiene un papel crucial en atraer al lector. Por lo general contiene una combinación de foto del autor, microbiografía del autor y sinopsis del libro, aunque el énfasis en cada uno puede variar según el libro y el autor.

1. **Foto del Autor:**
   - **¿Cuándo es conveniente colocarla?** Una foto del autor es más útil si el autor ya es reconocido o si la apariencia del autor es relevante para el contenido del libro (por ejemplo, en autobiografías o libros de experiencias personales). También puede ser útil para establecer una conexión con el lector. Sin embargo, si el espacio es limitado y la foto no añade valor significativo, podría ser omitida.

2. **Microbiografía del Autor:**
   - **Extensión:** Por lo general, la microbiografía del autor es breve, alrededor de 100 palabras.
   - **Contenido:** Debería destacar los logros o antecedentes relevantes del autor que lo califiquen para escribir sobre el tema del libro o que interesen al lector. Esto podría incluir

formación académica, experiencia profesional, otros libros publicados o cualquier dato curioso o relevante sobre su vida personal, más si es un libro basado en experiencias personales.

3. **Sinopsis del Libro:**

- **Extensión:** La sinopsis suele tener alrededor de 100-200 palabras, aunque esto puede variar según el diseño y el tamaño de la contraportada.

- **Contenido:** La sinopsis debe proporcionar una visión general del contenido del libro, los principales personajes (si es una novela) y la trama, sin revelar giros cruciales o el desenlace. Debe ser tan intrigante como para que el lector quiera saber más. No utilizar calificaciones grandilocuentes. Si es apropiado, indicar los beneficios que se pudieran obtener con su lectura.

- **Propósito:** La función principal de la sinopsis es atraer al lector y darle una idea clara de lo que trata el libro, permitiéndole decidir si es algo que le gustaría leer.

Para maximizar el uso del espacio limitado, es crucial ser conciso y directo. Cada palabra debe tener un propósito y contribuir a la presentación global del libro y del autor. La contraportada es a menudo la última oportunidad de convencer a un lector potencial para que compre o lea el libro, así que es fundamental que sea atractiva y eficaz.

Escribir para otros

Escribir para otros puede tener múltiples efectos en el ego y el bienestar emocional de una persona, y estos efectos pueden variar según el individuo, la intención detrás de la escritura y la respuesta del público. A continuación, se presentan algunos de los posibles efectos positivos y negativos de escribir para otros en relación con el ego:

Efectos Positivos:

- **Reconocimiento y validación:** Recibir retroalimentación positiva y reconocimiento por la escritura puede reforzar la autoestima y el sentido de logro del escritor.

- **Conexión emocional:** Escribir puede ser una forma de conectar con otros a un nivel emocional profundo, lo que puede ser gratificante y enriquecedor.

- **Expresión personal:** A través de la escritura, muchos encuentran una voz y una forma de expresar sus pensamientos, sentimientos y perspectivas.

- **Desarrollo personal:** La práctica continua y la recepción de críticas constructivas pueden llevar al crecimiento personal y al desarrollo de habilidades.

Efectos negativos:

- **Dependencia de la aprobación externa:** Si un escritor se vuelve demasiado dependiente del reconocimiento y la validación de los demás, su autoestima puede volverse frágil y basarse demasiado en la respuesta del público.

- **Miedo al rechazo:** La posibilidad de recibir críticas negativas o rechazo puede generar ansiedad y miedo a compartir el trabajo.

- **Comparación con otros:** Compararse en todo momento con otros escritores y sus logros puede llevar a sentimientos de inadaptación.

- **Distorsión del propósito original:** Si un escritor se siente presionado para complacer o adaptarse a las expectativas del público, puede alejarse de su voz original o de las razones por las que comenzó a escribir.

Es esencial que los escritores sean conscientes de sus motivaciones y reacciones emocionales al escribir para otros. La introspección puede ser útil para mantener un equilibrio saludable y asegurarse de que la escritura siga siendo una fuente de satisfacción y no una fuente de estrés o daño al ego.

Colofón

Si usted necesita información gratuita sobre cómo escribir un libro de un tema no tratado en este volumen, por favor, escríbanos a:

info@alexlib.com

Después que tenga escrito su libro, si desea explorar nuestro raro servicio en el que se conjugan lo mejor y lo más económico, por favor consulte nuestro sitio web:

alexlib.com

Gracias,

Kiko Arocha